Persecución en Madrid

Serie
Aventura joven

Título
Persecución en Madrid

Autores
Elvira Sancho y Jordi Surís

Redacción
Eulàlia Mata

Revisión pedagógica
Javier Pardo

Diseño e ilustración de cubierta
Àngel Viola

Diseño interior
Jasmina Car

Ilustraciones
Roger Zanni

Material auditivo
Voz: Jorge Peña
Grabación y edición CD: CYO Studios

Reimpresión: junio 2017

Versión sin CD
ISBN: 978-84-8443-237-1

Versión con CD
ISBN: 978-84-8443-272-2

Depósito Legal: B-05308-2016

Impreso en España por Imprenta Mundo

difusión
Centro de Investigación y Publicaciones de Idiomas, S. L.

C/ Trafalgar, 10, entlo. 1ª
08010 Barcelona
Tel. (+34) 93 268 03 00
Fax (+34) 93 310 33 40
editorial@difusion.com

www.difusion.com

AVENTURA JOVEN

Persecución en Madrid

ELVIRA SANCHO
JORDI SURÍS

difusión

PRESENTACIÓN

La serie **Aventura joven** narra las aventuras que vive un grupo de amigos adolescentes: Mónica, Guillermo, Laura, Sergio y Martín. A través de sus historias, los vas a ir conociendo y, al mismo tiempo, vas a descubrir muchos aspectos de la España de hoy en día.

A lo largo de la lectura de **Persecución en Madrid**, hay una serie de notas que te van a ayudar a comprender mejor el texto y te van a explicar algunas interesantes cuestiones culturales. Recuerda que para entender un texto, no es imprescindible conocer el significado de cada una de las palabras: intenta comprender el texto en su totalidad y disfruta al máximo de la lectura.

«Después de la lectura», te proponemos una serie de actividades. Te van a permitir comprobar si has entendido el texto y te van a ayudar a incorporar nuevo vocabulario o a reflexionar sobre los temas de actualidad que preocupan a los jóvenes españoles. Al final de la novela, hemos añadido las soluciones a esas actividades.

¡Buena lectura!

CAPÍTULO 1

—¡Eh, Lucas!, ¡mira, allí!

—¿Dónde?

—Allí. ¿Ves a ese chico?

—¿Quién?

—Aquél, el de los vaqueros y las gafas. Allá, delante del supermercado.

Lucas mira con atención al chico. Después dice:

—No, ese chico no es. Es demasiado alto y no tiene el pelo negro.

—¡Ah!

—Además, tiene que entrar o salir de esta casa de ventanas verdes —Lucas señala una portería.

—El número veintitrés.

—Sí, el veintitrés.

Lucas y Rony están en la terraza de un bar de una placita[1] en el barrio de La Latina[2] de Madrid. Están bebiendo una cerveza y miran con atención a la gente que pasa. Lucas es alto, de nariz grande y ojos pequeños. Rony es bajo, un poco gordo y lleva una chaqueta vaquera azul.

1 **placita:** diminutivo de plaza, «pequeña plaza».

2 **barrio de La Latina:** barrio monumental de Madrid (cerca de la Plaza del Sol) que comprende parte del Madrid antiguo. Es un barrio muy acogedor en el que se encuentran muchos bares para ir de tapas.

—Voy a tomar otra cerveza —dice—. ¿Sabes, Lucas? Con este...

—¡Mira, Rony! ¡Allí! —le interrumpe su compañero.

Un chico de unos dieciséis años sale de la portería del número veintitrés, con un casco de moto en la mano y una mochila en la espalda. Lleva una chaqueta negra de cuero.

—¡Es este! —dice Rony.

—Sí, es este: pelo negro, ni alto ni bajo, unos 16 años...

—...con el pelo largo.

—Y con su chaqueta negra de cuero...

—... y con gafas.

—Sí, es él.

—¿Y qué hace ahora? —pregunta Lucas.

—Va al quiosco.

—No, va hacia aquella moto, el «scooter».[3]

—Sí, es verdad —reconoce Rony.

—Mira, se ha parado al lado de la moto.

En aquel momento el camarero se acerca a la mesa.

—¿Van a tomar algo más? —pregunta.

—No, nada más. ¿Cuánto es? —Lucas saca un billete de cinco euros de la cartera.

Lucas y Rony se levantan y pagan. Van hasta una moto grande, de color negro, aparcada junto a un árbol. Es una Norton.[4] Lucas se pone el casco y sube a la moto. Rony sube detrás. El chico está al otro lado de la plaza, delante de su moto. Está buscando algo en la mochila. Después cierra la mochila. Mira al otro lado de la calle, la cruza, y vuelve a entrar en la portería de la casa.

—¿Y qué le pasa ahora? —pregunta Lucas impaciente.

—¿Nos ha visto? —apunta Rony.

—No creo —Lucas pone la moto en marcha «¡Bruummmm, bruummmm!»— Vamos detrás de aquel coche —dice.

3 **un «scooter»:** se parece a una motocicleta, pero de ruedas pequeñas y cuadro abierto; el conductor va sentado, sin tener que poner una pierna a cada lado de la moto como en una normal. La Scoopy es una marca comercial de «scooters».

4 **Norton:** moto de carretera.

Poco después el chico sale otra vez de la casa hablando por su teléfono móvil.

—¿Laura? —dice el chico.

—¡Hola, Sergio! —contesta ella al otro lado del teléfono— Es Sergio —comenta Laura a Mónica, a Martín y a Guillermo que están junto a ella.

—¡Eh, Sergio! —grita la chica que está a su lado, cogiendo el teléfono.

—¡Hola, Mónica! —Sergio ya ha llegado al lado de la moto.

Laura vuelve a coger el móvil.

—¿Qué hacéis? —le pregunta Sergio.

—Estamos desayunando —responde ella.

—¿Y la moto? —pregunta Martín, impaciente.

—Un momento —responde Laura—. Ahora le pregunto. Sergio, Martín quiere saber qué tal la moto.

—¿La Scoopy? ¡Genial! Es muy guapa.[5]

Un chico gordito y pelirrojo coge el teléfono. Es Guillermo.

—Estamos en casa de Luisa, la hermana de Mónica —dice—. Hemos dormido en el tren y hemos llegado a Madrid a las ocho. Estamos desayunando. Luisa y su marido se han ido a trabajar...

Cuando cuelga, Sergio sube a la moto, arranca y sale de la plaza. Las calles en el barrio de La Latina son estrechas y bonitas. Toma la primera calle a la izquierda y después sigue todo recto. La Norton de Lucas y Rony le sigue. Cuando llega a una calle ancha, Sergio gira a la izquierda y entra en la calle. En esta calle hay muchos coches.

Después de hablar con Sergio, sus amigos terminan de desayunar. Están en la cocina de la casa de Luisa, la hermana de Mónica, una casa pequeña pero bonita del barrio de Arturo Soria.

—Y ahora, ¿adónde vamos? —pregunta Martín.

5 **guapa:** bonita, suele ser una adjetivo que se refiere únicamente a personas. Cuando se utiliza para hablar de objetos o experiencias se trata de un uso oral, muy coloquial y frecuente entre jóvenes.

—Vamos a ver el *Guernica*,[6] ¿no? —contesta Mónica.

—Sí ¡es verdad...! ¡el trabajo de clase! —exclama Guillermo.

—Pero después vamos al Retiro,[7] ¿vale? —Laura no quiere pensar en el instituto.

Laura es una chica rubia, alta y delgada. Mónica es morena, ni alta ni baja. Le interesan muchas cosas. Le gusta leer y estudiar.

—Sí. Pero tenemos que hacer el trabajo sobre «arte y guerra» —contesta Mónica—. ¿Recordáis?

—Vale, de acuerdo —dice Martín. Martín tiene el pelo castaño y rizado. Es delgado pero atlético. Después se levanta y empieza a lavar los platos.

—A mí me gustan los museos, son... —Mónica está un poco enfadada.

—En el Retiro se puede ir en barca, ¿verdad? —interrumpe Guillermo.

—Sí ¡qué divertido! —exclaman Laura y Martín al mismo tiempo.

—Después de ver el *Guernica* vamos a ir al Retiro, ¿vale?

—Sí, claro.

—Es muy interesante este cuadro, ya veréis —insiste Mónica.

—¿Dónde está el *Guernica*? —pregunta Martín.

6 *Guernica*: cuadro pintado por Pablo Picasso en 1937, inspirado en el bombardeo de Guernica (un pueblo vasco que está en Vizcaya, a 30 km de Bilbao) por la aviación alemana. Este hecho ocurre durante la Guerra Civil española (1936-1939) que enfrenta el gobierno democrático de la República con el del general Franco, sublevado contra el poder legítimo. Los soviéticos de Stalin ayudan a la República, mientras que la Italia de Mussolini y la Alemania de Hitler ayudan a Franco. Este bombardeo tiene gran impacto internacional no solo por el sacrificio de inocentes, sino porque es la primera vez en la historia que se ataca una ciudad desde el aire.

7 **El Retiro:** parque situado en la zona céntrica de Madrid. Tiene un lago con una estatua de Alfonso XII en uno de sus bordes. Cerca del estanque hay dos palacios del siglo [illegible] el de Velázquez y el de Cristal.

—En el Centro de Arte Reina Sofía[8] —contesta Mónica—. Además, está cerca del Retiro.

—Podemos quedar con Sergio en el Retiro —propone Laura.

—Bueno, ¿cómo se va al Reina Sofía?

—En metro.

—¿Quién tiene la guía del metro?

—Yo —Martín va a buscar la guía en su mochila—. A ver...

—¿Dónde estamos? —pregunta Guillermo.

—Aquí —Martín señala un punto en el plano.

—Y aquí está la parada del metro «Arturo Soria».

—Podemos coger la línea marrón y cambiar a la línea 1.

—¿La línea 1?

—Sí, la azul...

—¡Ah!

—...hasta Atocha.[9] El Reina Sofía está cerca.

—Vale, vamos, pues.

8 **Museo Nacional Centro de Arte Reina Sofía:** museo de arte contemporáneo de Madrid que contiene el *Guernica* de Picasso.

9 **Estación Atocha:** en Madrid hay dos grandes estaciones ferroviarias: la estación de Atocha y la de Chamartín, desde las que parten los trenes internacionales que unen la capital con París y Lisboa. También hay los servicios ferroviarios llamados de Grandes Líneas que conectan Madrid con todas las capitales españolas, además de las líneas de trenes de cercanías.

CAPÍTULO 2

Sergio conduce por las rondas de Madrid, moviéndose entre los coches. Detrás, un poco lejos, la Norton le sigue. Cuando pasan por el lado de la estación de Atocha, la Norton está muy cerca de la Scoopy del chico.

Poco después llegan a un puente. «El puente de Vallecas», piensa Sergio.

La motocicleta entra en Vallecas.[1] Coge una calle grande con muchos bares y luego gira a la derecha, entrando en una calle pequeña. Finalmente para delante del número cuarenta y cinco. La Norton se para a unos cincuenta metros de distancia.

Antes de bajar de la moto, Sergio mira el móvil. Tiene un mensaje de sus amigos: «stamos n la cye, cerca d la prada d mtro rturo sria. vmos a cjer l mtro pa ir al reina sfia y vr l grnika. pdemos kdar dspues n l retiro».[2]

—¡El *Guernica*! —recuerda Sergio de repente— ¡El trabajo del instituto!

Empieza a contestar el mensaje: «yo toy n vllecas,dlante d ksa d mi primo. dspues os yamo».[3]

1 **Vallecas:** barrio madrileño situado al sur-este de la ciudad y de tradición trabajadora.

2 «Estamos en la calle, cerca de la parada de metro "Arturo Soria". Vamos a coger el metro para ir al Reina Sofía y ver el *Guernica*. Podemos quedar después en el Retiro.»

3 «Yo estoy en Vallecas, delante de casa de mi primo. Después os llamo.»

Luego coge el casco y la mochila y llama al portero automático.[4]

—¡Abro yo! —dice una chica en el tercer piso.

Cuando la puerta se abre, Sergio entra en la portería y llama al ascensor.

—Voy a ver a qué piso va... —dice Rony, bajando de la moto.

—¡Vale!

Rony se acerca a la portería. La puerta está cerrada. Desde la calle oye el ascensor que está subiendo. Cuando el ascensor se para, Rony piensa: «tercer piso». Llama al timbre.

En el tercer piso se vuelve a oír el timbre del portero automático.

—¿Has abierto, Vanesa? —pregunta un chico desde el cuarto de baño. No es ni alto ni bajo. Tiene el pelo negro. Se está peinando. Sus gafas están sobre el lavabo. Tiene unos diecisiete años.

—Sí. ¡Qué raro! —Vanesa aprieta de nuevo el botón— ¿Está abierto ahora?

—¡Mmm...! —contesta Rony desde la calle y entra en la portería. Mira los buzones. Busca el tercer piso: Vanesa Vivancos / Carlos Sorín.

—¡Carlos Sorín...! —exclama— Entonces... el chico no vive con sus padres...

El chico del pelo negro se acerca a la ventana y mira a la calle. En la calle ve una moto grande parada a unos veinte metros de la casa, una Norton negra, y a un hombre alto. Después ve a un hombre gordito que sale de su portería y va hasta la Norton...

—¡Hola! —Vanesa saluda a Sergio, abriendo la puerta...

4 **portero automático:** mecanismo eléctrico que sirve para abrir los portales desde el interior de las viviendas. Va con un sistema telefónico que permite saber quién llama.

—Oiga, por favor. ¿Me podría decir dónde está el Centro de Arte Reina Sofía...?

—No lo sé, muchacho. Yo soy cubano. No conozco Madrid.

—Perdone, señora, ¿el Centro de Arte Reina Sofía?

—Sigue todo recto, después, la primera calle a la derecha. Allí está el museo...

—Gracias, señora.

—Aquello es la estación de Atocha ¿verdad? —pregunta Martín.

—Sí, creo que sí —contesta Laura.

—Sí —dice Guillermo—. Allí lo pone: «estación de Atocha».

—¡Mirad! —dice Mónica— Allí está el museo.

Delante del museo hay una plaza. Cuando los chicos llegan, Guillermo exclama:

—¡Mirad qué ascensor!

—Sí, ¡qué chulo![5]

El ascensor del museo está en la pared exterior del edificio.

—¿Subimos?

—Primero tenemos que saber dónde está el *Guernica*.

—En la segunda planta —contesta Mónica.

—¿Cómo lo sabes? —pregunta Martín admirado.

—Ah, ah, es un secreto —bromea Mónica.

—Entonces subimos en el ascensor.

El ascensor es transparente y desde la calle se puede ver a la gente que está dentro. Cuando los chicos empiezan a subir, la vista de Madrid es impresionante.

—¡Qué divertido!

—¡Qué vacaciones de Semana Santa[6] más guays![7]

5 **chulo:** muy bonito, muy bien. Lenguaje coloquial de uso entre los jóvenes.

6 **Semana Santa:** la tradición católica de España, Estado aconfesional según se dice en su Constitución, todavía marca las vacaciones escolares. Esta semana o dos semanas de vacaciones escolares puede variar un poco según la Comunidad Autónoma de que se trate.

7 **guay/s:** muy bien, muy bueno, estupendo. Lenguaje coloquial utilizado básicamente por los jóvenes.

CAPÍTULO 3

—¡Hola, primo! —el chico del pelo negro entra en la sala de estar y saluda a Sergio.

—¡Hola, Carlos!

Sergio y Carlos se abrazan.

—Yo tengo que salir —dice Vanesa—. Me alegro de conocerte, Sergio —la chica le da dos besos y se va.

—¿Cómo estás? ¿Te gusta Madrid?

—Sí, mucho.

—¿Cómo están los «viejos»?[1]

—Bien. Pero están preocupados por ti...

—Sí, ya, ya... ¿y la Scoopy?

—Superguay[2] —Sergio se saca la chaqueta y la deja encima de la mesa junto al casco y la mochila— ¿Y esa chica? —pregunta.

—¿Vanesa?

—¿Es tu novia?

—Sí... y no. Nos peleamos mucho. Es mayor. Tiene veintidós años... Oye, ¿quieres una cerveza?

—No, gracias, ahora no.

—Bueno, yo sí voy a tomar una...

1 **viejos:** padres (padre y madre). En lenguaje coloquial en Argentina.

2 **superguay:** muy guay, muy bien.

Cuando Vanesa sale a la calle, pasa junto a dos hombres en una Norton negra que la miran. «Esos hombres», piensa Vanesa, «¿los conozco...? ¿De qué los conozco...?»

—...y tú tienes dieciséis años, como yo —dice Sergio.

—No, tengo diecisiete, pero dentro de un par de meses cumplo los dieciocho. Y ella empieza a parecerse a mis viejos.

—¿Quién? ¿Vanesa?

—Sí, Vanesa.

—Pero eres muy joven para vivir sin tus viejos...

—Yo tengo mi vida ¿sabes? Mis cosas, mi grupo, mis amigos. Tengo *bussines*, gano plata.[3] No necesito su dinero... —Carlos está enfadado.

Laura y sus amigos están en la segunda planta del Reina Sofía.

—Mira —dice la chica— Estos son cuadros que Picasso[4] pintó antes del *Guernica*...

—Y aquella es la sala del *Guernica* —señala Guillermo.

Después de hablar con su primo, Sergio se despide.

—Bueno, me voy.

—Muy bien, primo. Y la chaqueta, ¿guay, eh?

—Sí, me gusta mucho. Es un regalo estupendo. ¿De verdad que tú no la quieres? La llevo siempre.

—¡Qué bien!

—He quedado con unos amigos de Barcelona —dice Sergio— ¿Quieres venir con nosotros?

—Es que... me duele la cabeza.

—¡Ah!

3 **plata:** en Argentina «dinero».

4 **Pablo Picasso:** pintor español (Málaga, 1881 – Mougins, 1973). Creador del Cubismo con Braque y considerado un genio de la pintura contemporánea.

—Oye... ¿Puedes hacerme un favor?

—Sí, claro.

—Es que no quiero salir de casa y tengo que llevar algo a un amigo.

—No hay problema. Lo llevo yo.

Carlos se levanta y entra en su habitación. Sergio mira los CD que su primo tiene en la estantería. Unos minutos después Carlos vuelve con un paquete en la mano.

—Mi amigo es muy simpático —dice— ya verás. Es alto, delgado, con el pelo largo. Le dices que eres mi primo. Se llama Jonatan...

—Vale, ¿a dónde tengo que ir?

—¿Sabes ir a la Plaza Mayor?

—Sí, más o menos.

—Hemos quedado en el centro de la plaza, a la una...

Cuando Sergio sale a la calle, lleva el paquete en la mano y la mochila en la espalda. Mira su reloj: son las once y media de la mañana. Antes de subir a la moto envía un mensaje a sus amigos: «toy en vllekas. tngo k star n plaza myor a la 1. kdamos dspues n l retiro?».[5]

Cuando Lucas y Rony ven al chico, Lucas pone en marcha la moto.

—¿Y eso? —pregunta Lucas mirando a Sergio— ¿Qué lleva en la mano?

—Es un paquete.

—Sí, es un paquete... ¿Sabes, Rony? Yo creo que este paquete...

—¡Sí, Lucas! ¡Es verdad! Yo también creo que este paquete es...

Carlos, desde la ventana, ha visto a Sergio que se acerca a la Scoopy, envía un mensaje por el móvil, sube a la moto y arranca. Después mira a los hombres de la Norton. Ellos también arrancan...

5 «Estoy en Vallecas. Tengo que estar en la Plaza Mayor a la una. Quedamos después en El Retiro?»

—¡Bingo! —exclama, con una sonrisa dura e infantil al mismo tiempo.

Sergio vuelve a la avenida y gira a la izquierda hasta entrar en Madrid después de pasar por el puente de Vallecas. Pasa de nuevo delante de la estación de Atocha y coge la calle Atocha. En un semáforo en rojo mira su reloj: son las doce menos veinte. Es pronto. Aparca delante de un bar. Coge el paquete de su primo y su mochila, y entra en el bar. La Norton negra llega poco después y aparca cerca. Desde allí pueden ver el interior del bar.

El bar es pequeño, con su barra y algunas mesas. Sergio se sienta en un taburete[6] de la barra. Deja el paquete a su lado, en la barra, y la mochila en el taburete de la derecha.

—Buenos días, ¿qué le pongo? —le pregunta el camarero desde el otro lado de la barra.

—Un café con leche. ¡Ah! y un *croissant*.

Un hombre alto se sienta a su lado, deja su cartera y un paquete sobre la barra y pide una cerveza.

—Muy fría, por favor...

El hombre bebe su cerveza. Después mira a Sergio y dice:

—Hoy hace calor, ¿eh?

—Sí —responde Sergio—, un día hace frío y otro calor. ¿Siempre es así el tiempo en abril?

—¿En Madrid?

—Sí.

—No lo sé, no soy de aquí. Soy vasco, de Bilbao. ¿Y tú? ¿De dónde eres?

—Yo soy argentino, pero vivo en Barcelona.

—¡Ah!

—Estoy de visita en casa de mi tío que vive aquí, en Madrid...

Cuando el hombre termina su cerveza, paga, coge sus cosas y se va.

6 **taburete:** asiento sin brazos ni respaldo, para una persona. En los bares suelen ser bastante altos.

—¡Hasta luego! —dice.

—¡Hasta luego!

—¡Lucas!, ese hombre... —exclama Rony— ¡Ha cogido el paquete del chico!

—¡Síguelo! Yo voy a vigilar al chico.

Pero el hombre se para en medio de la calle.

—¡Vaya! —exclama, y vuelve a entrar en el bar.

—¡Lo siento, muchacho! —le dice a Sergio— He cogido tu paquete.

CAPÍTULO 4

Cuando llegan a la sala del *Guernica* hay mucha gente mirando el cuadro.

—¡Impresionante! —exclama Laura, sorprendida, al ver el cuadro.

—¡Mira! Hay un toro —dice Guillermo.

—Y un caballo.

—Y una mujer que asoma la cabeza por la ventana.

—¿Y esto qué es? ¿Una espada rota?

—Eh, mira, hay un pájaro encima del toro...

Un guía se acerca seguido de un grupo de turistas: «Picasso pinta este cuadro en pocos días, en el mes de agosto de 1937, poco después de la destrucción del pueblo vasco de *Guernica*... Por primera vez en la historia, la aviación militar ataca a la población civil para provocar una destrucción masiva...»

—¡Qué explicación tan interesante...! —Laura saca su teléfono móvil del bolso— Voy a llamar a Sergio.

Después de tomar su café con leche, Sergio saca de su mochila un cuaderno. Durante las vacaciones de Semana Santa tiene que hacer un trabajo del área de sociales: «Los inmigrantes». Luego saca un bolígrafo de uno de los bolsillos pequeños de la mochila. Empieza a escribir:

Yo soy inmigrante. Mi familia es argentina. Hace diez años que vivimos en España. Yo vivo en Barcelona con mis padres.

Mis tíos viven en Madrid. Ellos tienen un hijo, mi primo Carlos. Mi primo y yo nos parecemos mucho físicamente, pero somos diferentes de carácter. Mis tíos tienen muchos problemas con Carlos. Tal vez porque son inmigrantes. A veces es muy difícil ser inmigrante. Para nosotros los argentinos, y los latinoamericanos en general, es más fácil, porque todos hablamos la misma lengua, el español. En Barcelona, además del español, se habla catalán.[1] El español de España y el de Argentina son un poco diferentes. Aquí dicen «dinero» y en Argentina «plata»; allí a los padres les llamamos «viejos».

De repente suena su móvil. Son sus amigos.

—¡Laura! —exclama contento.

—Sergio, estamos en el Centro de Arte Reina Sofía... estamos viendo el *Guernica*. Escucha con atención... ¿Puedes oír?

Sergio oye la voz de un hombre que está hablando:

—Picasso quiere expresar el horror de la violencia y de la guerra, pero no pinta bombas. Pinta algo que conoce bien. ¿Qué ven ustedes en el cuadro?

—Un toro.[2]

—Y un caballo herido.[3]

—Una mujer gritando.

—Y una espada rota.

—Bien —el guía pregunta de nuevo—. Un toro, un caballo herido, una espada... ¿qué les recuerda a ustedes?

—Una corrida de toros...[4]

—Así es...

—Sergio, cuelgo, que se acerca el vigilante... —dice Laura.

1 **catalán:** es uno de los cinco idiomas oficiales en España, junto al español, al gallego, al vasco y al aranés.

2 **toro:** en el cuadro de Picasso representa a España y también, la agresividad.

3 **caballo herido:** en el *Guernica* representa a la gente herida.

4 **corrida de toros:** espectáculo que consiste en torear toros en una plaza cerrada.

Sergio mira su reloj. Son las doce y media. El chico recoge sus cosas.

—¿Cuánto le debo? —pregunta al camarero.

—A ver, un café con leche, una pasta... Dos euros con cincuenta céntimos.

Sergio paga y coge el paquete que le ha dado Carlos e intenta ponerlo en la mochila...

—Mira, Lucas... —dice Rony que está mirando al chico— Está guardando el paquete en la mochila.

Pero la mochila está muy llena y no puede. Después de cambiar las cosas de sitio, el paquete entra bien y Sergio cierra la mochila. Después sale del bar.

Pero Sergio no coge la moto. Es pronto para ir a ver al amigo de su primo y darle el paquete. Quiere pasear por las calles estrechas del centro de la ciudad y ver sus casas, la gente, las tiendas.

Entra en una calle pequeña y tranquila y empieza a andar. No oye el ruido de una moto que se acerca despacio, por detrás.

Cuando la moto está cerca, Lucas dice:

—¡Ahora, Rony! ¡No!, ¡no! —rectifica. Un niño se acerca corriendo hacia Sergio, con una pistola de juguete en la mano— ¡Ahora no!

—¡Pum! —grita el niño.

Sergio se vuelve y sonríe.

—¡Pum! —repite el niño, apuntándolo con la pistola.

—¡Pam! —contesta Sergio apuntando con los dedos al niño.

—¡Ricardito! —una mujer grita detrás de ellos— ¡Ven aquí!

—¡Ese niño! —continúa la mujer— ¡Siempre con su pistola!

—Quiere jugar, claro —contesta Sergio.

—¡Pum!, ¡Pum...! —dispara el niño.

Sergio oye el ruido de una moto que pasa por su lado y gira la primera calle a la izquierda. Sergio los mira. «Estos hombres... y esta Norton», piensa, «¿No los he visto antes?»

Poco después Sergio se para delante de una tienda de fotografía. Mira las cámaras del escaparate y finalmente entra.

Un hombre con bigote está detrás del mostrador. Es el propietario.[5] Solo hay un cliente en la tienda, un hombre rubio de pelo largo. Sergio empieza a mirar las cámaras digitales. De repente, el hombre rubio saca una pistola y grita:

—¡Esto es un atraco! ¡Quietos!

El hombre está nervioso. Apunta con su pistola al propietario. Va hasta la caja,[6] la abre y empieza a coger el dinero. Pero el hombre del bigote toca un botón y empieza a sonar la alarma.[7]

—¿Qué haces? —grita el hombre rubio, y con la pistola le da un golpe en la cabeza. El propietario cae al suelo. Después, el hombre rubio termina de coger el dinero y sale corriendo de la tienda. Sergio no se mueve. Está asustado.

Al salir, el atracador choca con un hombre gordo que lleva una chaqueta vaquera. Todo el dinero cae al suelo.

—¡Maldita sea![8] —exclama el hombre rubio.

Pero se empieza a oír la sirena de un coche de policía que se acerca.

El hombre rubio, cuando oye la sirena,[9] sale corriendo sin coger el dinero. El hombre gordo se para. No sabe qué hacer. Después, también sale corriendo.

Sergio se acerca al propietario de la tienda y le ayuda a levantarse.

5 **propietario:** la tienda es de este hombre, es suya.

6 **caja registradora:** caja que se usa en el comercio para guardar el dinero, sumar automáticamente el importe de las ventas y sacar los tiques.

7 **alarma:** mecanismo que tiene por función avisar de algo. Se coloca en viviendas, comercios, bancos, etc. para avisar a la policía en caso de robo o agresión.

8 **¡maldita sea!:** expresa enojo o rabia. Lenguaje coloquial, habitual entre los adultos.

9 **sirena:** emite un ruido que se oye a mucha distancia y que emplea la policía, los bomberos, etc.

—¿Está bien? —pregunta.

—Sí, gracias, muchacho —el hombre apaga la alarma—. No es la primera vez que intentan atracarme.

La sirena del coche de la policía se acerca. Poco después el coche entra en la calle. Va muy rápido. Pasa delante de la tienda sin pararse. Luego gira una calle a la derecha y desaparece.

Cuando Sergio sale de la tienda, una mujer mayor pasea a su perro por la calle ahora tranquila.

Sergio saca su teléfono móvil de la mochila: «e vsto 1 atrko.yo toy bien», escribe, «dspues ablamos».[10]

Luego mira la hora en el móvil: la una menos cuarto. Ya es hora de llevar el paquete al amigo de Carlos...

10 «He visto un atraco. Yo estoy bien. Después hablamos.»

CAPÍTULO 5

Sergio vuelve al bar para coger la moto. Cerca de la moto, dos hombres miran unas revistas en un quiosco. Uno es alto y el otro lleva una chaqueta vaquera.

—Ahí viene el chico, Lucas —dice el de la chaqueta vaquera.

—¡Vamos! —dice su compañero.

Sergio sube a la moto y arranca. Entra en la calle Atocha. Hay muchos coches a esta hora. Sergio pasa con su moto entre los coches. No recuerda el camino para ir a la Plaza Mayor. Una Norton negra le sigue, intentando ponerse a su lado. De repente Sergio se pone a la derecha pasando entre dos coches y entra en una calle pequeña. La Norton gira bruscamente y un coche tiene que frenar.

—¡Vigila, estúpido! —grita el conductor.

Ahora la Norton está muy cerca de la moto de Sergio, que ha entrado en una calle pequeña de una sola dirección. Sergio siente el viento en las orejas. Oye el ruido del motor de su moto. Le gusta. No ve la moto que le sigue. Lucas conduce y detrás, Rony, saca una pistola. Finalmente, cuando está muy cerca de Sergio, le apunta.

—¡Ahora! —grita Lucas.

En aquel momento suena el teléfono móvil de Sergio. El chico frena y para la moto. Rony dispara.[1] La bala pasa cerca de la cabeza de Sergio y da en el escaparate de una tienda. El cristal se rompe en mil trozos, con un gran ruido.

1 **disparar:** hacer que un arma de fuego (pistola, fusil, etc.) despida su carga.

—¿Le has tocado? —pregunta Lucas, parando la moto a unos metros de Sergio.
—No, no lo he tocado.

—¡Laura, es increíble...! —dice Sergio— Cuando has llamado, el escaparate de una tienda se ha roto en mil pedazos... —de repente, el chico ve una moto que se acerca a él. Una moto negra. ¡La Norton!

Al llegar a su lado, el hombre gordo, sin parar la moto, le coge la mochila y tira de ella. Todo pasa muy rápido. Sergio quiere coger su mochila, pero se cae al suelo.

—¡La tengo! —exclama el hombre gordo.

La Norton se para. Un coche pasa despacio por su lado.

—Ahora, ¡dispara! —grita Lucas.

—¡Maldita sea! Hay mucha gente.

Sergio se levanta del suelo. La Norton todavía está allí.

—Vámonos —dice Lucas—. Luego volvemos y ¡pam...! —Lucas apunta con el dedo a Sergio y arranca.

—Sí, y terminamos el trabajo.

Sergio empieza a correr detrás de la moto, que ahora adelanta a un coche y gira la primera calle a la derecha. Sergio no puede seguirla.

Finalmente se para y vuelve junto a su moto. La levanta del suelo y después busca el móvil. Está a unos metros, junto a una papelera.

Los coches pasan despacio por su lado. Sergio está muy nervioso. «¡¿Qué pasa hoy?!»

Hay mucha gente delante del escaparate roto.

—¿Qué ha pasado? —preguntan los últimos que llegan.

—No lo sé —contesta una chica morena— de repente el cristal del escaparate se ha roto...

—Yo he oído un disparo... —dice una señora.

—¿Seguro?

—Sí, era un disparo.

—Puede ser el motor de una moto, señora.

—No. Le digo que ha sido un disparo...

Una dependienta de la tienda empieza a recoger los cristales del suelo.

—¡Sergio, Sergio...! —Sergio oye gritar a Laura por el móvil.

—¿Qué pasa, Laura? —le preguntan sus amigos.

—Algo le ha pasado a Sergio. Creo que se ha caído de la moto. No sé. No contesta.

—Laura...

—Sergio, ¿qué ha pasado?

—Unos hombres me han robado la mochila.

—¿Estás bien?

—Sí...

—Está bien... —explica Laura a sus amigos—, pero le han robado la mochila...

—¿Y la moto? —pregunta Martín.

—Sergio, vamos a buscarte. ¿Dónde estás?

—No lo sé. Creo que cerca de la Plaza del Sol.[2]

—En media hora estamos allí.

—Quedamos debajo del reloj.

—¡Vale!

Después de hablar con sus amigos, Sergio sube a la moto. La pone en marcha y avanza un poco. Sí, la moto funciona.

Ahora Sergio está triste. No sabe qué hacer. Empieza a recorrer[3] las calles con la moto, despacio. Quizá los ladrones[4] han cogido el dinero de la mochila y luego la han dejado en una papelera. Pero no

2 **Plaza del Sol:** la Puerta del Sol es el centro neurálgico de Madrid. Desde este lugar se supone que parten todas las carreteras de España (también se llama «kilómetro cero»). Alrededor de la Puerta del Sol existen muchos comercios y lugares de interés como la Plaza Mayor, la Plaza de Santa Ana, la Gran Vía o Callao.

3 **recorrer:** pasar sucesivamente por los puntos de un camino.

4 **ladrones:** persona que quita alguna cosa a alguien con violencia o engaño, que roba.

ve ni la mochila ni a los ladrones. «¿Quiénes son estos hombres?», se pregunta. Un rato después, para la moto y saca el móvil.

—¿Está Carlos?

—¿Carlos? No, ha salido... ¿Eres Sergio?

—Sí. Hola, Vanesa.

—Hola, Sergio. Carlos ha salido.

—¿Sabes dónde ha ido?

—Ha ido al Retiro. Ha ido a llevar un paquete a alguien, creo... ¿Estás bien?

—No, Vanesa. Me han robado[5] el paquete.

—¿Qué paquete?

—Sí. Carlos me ha dado un paquete...

—¿Sí?

—...para un amigo suyo. Se lo tengo que dar ahora, a la una, pero me lo han robado.

—¿Y quién te lo ha robado?

—Dos hombres, con una moto negra, una Norton.

—¿Cómo son?

—Uno es gordo y lleva una chaqueta vaquera. El otro es alto... —pero Sergio no puede continuar. Empieza a llorar.

—Sergio —Vanesa está preocupada—, tranquilo, no pasa nada. Yo voy a hablar con Carlos, seguro que no es nada importante...

Cuando cuelga el teléfono, Vanesa está muy enfadada. «Carlos, esto está muy mal,» dice hablando sola, «a tu primo no puedes hacerle esto...»

Vanesa se sienta en una silla. Está unos minutos en silencio, pensando. Mira la habitación. Hay una camisa de Carlos encima de una silla. Vanesa se levanta. Va hasta el teléfono y marca un número.

—¿Policía? —dice.

5 **me han robado:** a mí + pasado (Pretérito perfecto) del verbo robar, tercera persona del plural. **Robar:** quitar una cosa con violencia o engaño.

Finalmente, Sergio se decide a ir a la Plaza del Sol, donde ha quedado con sus amigos. «Carlos ha salido de casa... ¡qué extraño...! y con un paquete. ¿Y su dolor de cabeza...?» Sergio arranca. Coge una calle corta y finalmente llega a una calle donde hay muchos coches parados. Al final de la calle se puede ver la luz intermitente de un coche de policía.

—¿Qué ha pasado? —pregunta a un chico que anda por la acera.

—Ha habido un accidente...

—¡Qué día! —exclama Sergio— Pero, ¿qué pasa hoy?

—El mundo está loco —dice el chico sonriendo.

Sergio pasa con la moto entre los coches. A unos veinte metros hay un coche de la policía y una moto en el suelo. Un hombre alto y delgado habla con un policía. Y a su lado, un hombre gordo que lleva una chaqueta vaquera empieza a levantar del suelo la moto: ¡la Norton negra!

—¡Son ellos! —grita Sergio.

Sergio arranca, pero un policía le para.

—No puede pasar —dice.

—Es que yo...

Pero el policía no le escucha.

—Circulen[6] —va diciendo a la gente—. No ha pasado nada, circulen.

—Oiga —insiste Sergio.

—Circulen, circulen...

—Estos hombres... —empieza a decir, pero de pronto se para. ¡El hombre gordo ha puesto «su» mochila sobre la moto!

—Dígame —le dice finalmente el policía.

—Nada, nada importante —¡Sergio piensa que puede coger la mochila!

En un momento en que el policía no mira, Sergio arranca y pasa entre los coches. Se acerca a la Norton, despacio. Los hombres

6 **circulen:** Imperativo del verbo circular, tercera persona del plural. **Circular:** moverse en una dirección. No quedarse parado.

hablan con los policías. Nadie mira. Alarga el brazo y coge su mochila sin bajar de la moto y sale corriendo, sin mirar atrás.

—¡Uff...! —exclama unos minutos después al ver que nadie le sigue. Mira su reloj. Es la una y diez.

«Todavía puedo encontrar al amigo de Carlos...» —piensa— «¿O no?»

Hay muchos coches en la calle a estas horas en el centro de Madrid. Sergio pasa con la motocicleta por la acera, hasta llegar a una placita. Allí gira a la izquierda. Cuando llega a la Plaza Mayor, aparca la moto y empieza a mirar a la gente. Mira su reloj. Es la una y veinte. Sergio busca con la mirada a un chico de su edad, alto y de pelo largo, pero no lo ve...

—«Ahora lo entiendo. Seguro que no viene...» —piensa. Está preocupado.

Sergio se sienta junto a la estatua[7] del centro de la plaza. Unos minutos después mira su reloj. Piensa en sus amigos. Van a llegar dentro de poco a la Plaza del Sol...

7 **estatua:** escultura, particularmente representación de una persona o de un animal completa. En este caso se refiere a la estatua de la Plaza Mayor de Madrid que es la de Felipe III, rey de España y Portugal entre 1598-1621.

CAPÍTULO 6

Cuando el metro para en la estación «Sol», Laura y sus amigos bajan.

—Me gusta este metro —dice Guillermo—. Es más... Es mejor que el de Barcelona y, bueno, va por la izquierda. Es chulo, ¿no?

Los chicos salen a la calle.

—¿Es aquí donde hemos quedado? —pregunta Laura.

—Sí, creo que sí —Martín mira a su alrededor—. Es la Plaza del Sol.

—Sí, es aquí, debajo del reloj —dice Mónica.

—Llegamos tarde, ¿no? —pregunta Laura.

—Un poco, sí —Mónica mira su reloj.

Los chicos miran a un lado y otro de la plaza.

—Aquél es Sergio, ¿no? —dice Martín.

—¿Tú crees?

—Sí, es una Scoopy, y es nueva.

—Con el casco, no se ve.

—Es él, seguro.

—¡Eh, Sergio! —las chicas empiezan a gritar y a saltar, moviendo los brazos.

—¡Sergio! —grita Guillermo.

Sergio ha parado la moto cerca del reloj. De repente Mónica se para. Unos hombres se acercan a Sergio por detrás. Uno es alto y el otro bajo y gordo. ¡Y el hombre gordo lleva algo en la mano...! ¡Una pistola!

—¡Sergio! ¡Cuidado! —grita Mónica.

—¡Sergio...! —gritan los otros.

De repente Sergio ve a sus amigos al otro lado de la plaza. Sonríe y levanta la mano.

—¡Detrás de ti! —gritan sus amigos, señalando detrás.

Sergio mira atrás. ¡Allí están el hombre alto y el de la chaqueta vaquera! Sergio arranca de nuevo la moto. Los hombres corren hasta la Norton negra, que está aparcada a unos metros y también arrancan. Sergio pasa entre los coches que circulan por la calle.

—¡Taxi! ¡Taxi! —grita Mónica.

Un taxi se para a su lado. «¡Qué suerte que en Madrid siempre hay taxis libres!», piensa Mónica. Los chicos suben al taxi.

—Por favor —dice Mónica— ¡siga a esa moto!

—¡Qué divertido! —el taxista ríe— Igual que en las películas.

—Por favor, sígala —insiste Mónica.

—¡Vamos! —dice el taxista.

La Scoopy de Sergio ha cogido una calle ancha. El taxi da la vuelta a la Plaza del Sol y coge la calle ancha y sigue recto. Delante ya está la Norton, con los dos hombres, que se mueve entre los coches.

El taxi avanza entre los coches, tocando la bocina. La Norton está detrás de Sergio, y empieza a ponerse a su lado. El hombre gordo saca su pistola y apunta.

—¡Rápido, por favor! —grita Laura, que está en el asiento de delante, al lado del taxista.

—¡Dios mío! —exclama el taxista— Esos hombres tienen una pistola.

—¡¡Qué lo cogen!!

Rony va a disparar, pero Sergio gira entre dos coches, poniéndose a la derecha. La Norton tiene que frenar.

—Tenemos que llamar a la policía —grita Mónica.

—¿Dónde está Sergio?

—No lo veo. La moto grande está allí. Ahora pasa entre los coches.

—¡Siga a la Norton! —dice Martín.

—¡Adelante! —grita el taxista pasando entre dos coches.

Todo pasa muy deprisa. Las motos y el taxi corren muy rápido. De repente Martín y Guillermo se miran. El interior del taxi está lleno de lucecitas y de fotografías de artistas. ¡Qué taxi[1] tan extraño! ¡Y el taxista lleva el pelo de color azul y una chaqueta llena de lentejuelas...![2]

De repente el taxista gira a la izquierda y se pone en contra dirección, para adelantar varios coches. Los coches que vienen de frente tienen que parar, tocando sus bocinas.

Mónica saca su teléfono móvil.

—¡Oiga! ¿Policía? —dice. Está nerviosa— Hay dos hombres en una moto negra... Sí, una moto grande...

—Una Norton —dice Martín.

—...una Norton negra... Uno lleva una pistola en la mano... Persiguen a un chico con una Scoopy... un chico joven... ¿La calle...? —Mónica no sabe el nombre de la calle.

—¿Qué calle es esta? —pregunta al taxista.

—La calle de Alcalá, bonita.

—En la calle de Alcalá —continúa Mónica.

—¡Allá está Sergio! —grita Laura.

Han llegado a una plaza. Sergio está a unos cincuenta metros delante del taxi.

—Mira, ¡la Cibeles! —exclama Guillermo.

—...Sí, señor, estamos en la calle de Alcalá —Mónica continúa hablando con la policía— a la altura de Cibeles... ¿Que si veo un taxi loco que circula por la izquierda? No, no...

1 **taxi/taxista:** la descripción de este taxi y de este taxista está inspirada en la película de Almodóvar (director de cine español) *Mujeres al borde de un ataque de nervios* (1987) en la que sale un taxi de esas características.

2 **lentejuela:** pequeño disco pequeño, de material brillante, que se emplea para hacer adornos en los vestidos.

En aquel momento muchos coches vienen hacia el taxi, que continúa en contra dirección. El taxista vuelve a ponerse a la derecha. Varios coches tienen que frenar bruscamente.

—...No, no sé a dónde van... —Mónica continúa hablando con la policía.

—¡Al Retiro! —exclama Laura.

—¿Al Retiro?

—¿Seguro?

—Sí, estoy segura. Sergio va al Retiro.

—Oiga, policía, seguramente van al Retiro. Ahora están en la Puerta de Alcalá...

Sergio adelanta los coches por la derecha. Por la izquierda avanza la Norton. Hay varios coches entre las dos motos. Al llegar a un cruce, el semáforo se pone rojo. Los coches se paran, pero Sergio pasa. La Norton también.

—¡El semáforo! —grita Laura.

Pero el taxista vuelve a ponerse a la izquierda y cruza la calle con el semáforo en rojo. Los coches que vienen por la izquierda tienen que frenar.[3] Los chicos oyen muchas bocinas de los coches, pero el taxi ha girado de nuevo a la derecha y va detrás de las motos.

—¡Dios mío! —exclama Guillermo asustado.

El taxista acelera.[4] Están en una avenida con pocos coches. La Norton vuelve a estar detrás de la Scoopy. Sergio mira atrás y la ve. Ve al hombre delgado y al gordo. El hombre gordo lleva una pistola en la mano. De repente Sergio frena y gira a la derecha, subiendo a la acera entre los coches aparcados. La Norton la sigue en paralelo, entre los coches.

—Allá voy —grita el taxista acelerando, y se pone al lado de la Norton. La Norton pasa entre dos coches aparcados y también sube a la acera. Una mujer con el carrito de la compra[5] grita, asustada.

3 **frenar:** moderar o parar con el freno el movimiento de un vehículo.

4 **acelerar:** aumentar la velocidad de un vehículo.

5 **carrito de la compra:** cesta con ruedas para llevar la compra.

Cuando llegan a un cruce, Sergio vuelve a entrar en la calle y la Norton le sigue.

Lejos, se oye la sirena de un coche de la policía que se acerca. El taxista se pone otra vez al lado de la Norton. De repente Sergio gira a la izquierda. Allí está la entrada de un gran parque. Es el Retiro. Sergio entra.

CAPÍTULO 7

—¡Hola, «Pelao»![1]

—¡Hola, Carlos!

Carlos saca un paquete de la mochila. Está envuelto en papel de colores.

—¡Toma! —dice.

—¿Qué es esto? ¿Un regalo de cumpleaños?

—Es para disimular,[2] «Pelao». Nos siguen.

El «Pelao» mira el paquote.

—¿Está todo?

—Claro que está todo...

El «Pelao» abre el paquete. Allí están las joyas.[3]

—¿Nos siguen?

—Sí, «Pelao», el delgado de la Norton.

—Lucas.

—Sí, y aquel gordo... ¿cómo se llama?

—Ronal...

—No, Ronal no...

—Rony.

1 **«Pelao»:** aquí se trata de un mote y no de un nombre propio, suponemos que se trata de alguien sin pelo, calvo... En lenguaje coloquial y oral a menudo no se pronuncia la **-d-** de pel**ado**, dorm**ido**, etc. y se oye pel**ao**, dorm**io**.

2 **disimular:** hacer algo para ocultar lo que es y parecer lo que no es.

3 **joyas:** objeto de adorno, hecho de metales y piedras preciosos.

—Sí, eso, Rony —confirma Carlos—. Pero los he despistado...

El «Pelao» guarda el paquete en su mochila. Luego saca una barra de pan.

—Pero, ¿qué haces? ¿Vas a comer ahora?

—Es para los patos.

—¿Los patos?

—Me gusta dar de comer a los patos... ¿qué pasa?

—Nada, nada... Dame un poco —Carlos coge un trozo de pan.

—¡Patitos, patitos...!

Poco a poco, los patos del lago se acercan.

—«Pelao», esto es peligroso...

—Sí. Están enfadados... Tenemos que «desaparecer»[4] por un tiempo...

—¡Mira! —dice un chico que juega al fútbol en las instalaciones deportivas del Retiro.

Una Scoopy cruza muy deprisa por el lado del campo de fútbol.

Detrás, una Norton negra le sigue. Está muy cerca. Las motos hacen mucho ruido. La Norton se pone al lado de la Scoopy de Sergio. El chico gira bruscamente a la derecha y entra en un camino rodeado de árboles. Hay una señal que dice: «Al lago».[5]

—¡Están locos! —exclama otro chico cogiendo la pelota.

La Norton no puede girar. Frena, pero se mete entre las plantas.

—¡Maldita sea! —grita Lucas, enfadado. Luego, saca la moto de allí y dando la vuelta, entra en el camino. Acelera intentando seguir la Scoopy de Sergio.

—¡Mira, un taxi...! —los chicos miran la loca carrera de las motos y el taxi.

El taxi pasa muy rápido delante de los chicos.

4 **desaparecer**: dejar de ser visible una persona o cosa.

5 **lago**: superficie de tierra cubierta de agua. Aquí se refiere al lago que se encuentra en el parque del Retiro en Madrid.

—¡Allí está la Norton! —grita Guillermo.

—Por aquí no puedo pasar. Voy a dar la vuelta[6] —dice el taxista, girando a la derecha sin frenar.

—¡Rápido! —gritan Laura y Mónica al taxista.

—¡Nos vamos a matar! —exclama Guillermo asustado.

Martín mira por la ventanilla del taxi, intentando ver las motos.

—¿Qué pasa, Carlos? ¿Qué miras? —pregunta el «Pelao».

Una Scoopy se para al lado de los chicos.

—¡Sergio! —exclama Carlos—. ¿Qué haces aquí?

Sergio se saca el casco.

—¿Y ese? —el «Pelao» mira a Sergio— ¿Tienes un hermano gemelo?

—No. Es mi primo...

—¡Carlos...!, ¿qué pasa aquí? —pregunta Sergio.

—Tranquilo, Sergio. No pasa nada.

De repente se oye el ruido del motor de la Norton que se acerca.

—¡Vamos! — grita Carlos— ¡Corre!

El «Pelao» y Carlos empiezan a correr...

La Norton frena bruscamente al lado de Sergio, que no se mueve. Lucas coge la pistola de la mano de Rony. Apunta al chico.

Un taxi se dirige a ellos muy rápido.

—¡Cuidado, Lucas! —grita Rony, bajando de la moto— ¡El taxi ese! ¡Está loco!

Rony anda hacia atrás. No ve que está al lado del lago.

—¡Plafff...!

Rony cae al agua.

Lucas baja de la moto y empieza a correr.

6 dar la vuelta: girar cuando no se puede o no se quiere pasar directo por un lugar.

—¡Frene! —grita Laura asustada.

El taxi choca contra la Norton, que cae al suelo.

De repente se oye la sirena de un coche de policía que se acerca. Lucas tira la pistola al agua.

Martín baja del taxi y empieza a correr detrás de Lucas.

—¡Sergio! —gritan Laura y Mónica saliendo del taxi. Las chicas le abrazan.

—¡Qué moto tan chula! —exclama Guillermo.

—¡Qué bien que estáis aquí! —dice Sergio, abrazando a las chicas.

Rony empieza a salir del lago.

—¡Quieto! —dice el taxista que ha bajado del coche, cogiéndolo por la chaqueta.

Un señor que pasea su perro mira la escena: junto al lago un taxista con el pelo azul y una chaqueta de lentejuelas coge por la chaqueta a un hombre gordo que ha caído al lago. Una moto grande está en el suelo, delante del taxi. Dos chicas abrazan a un chico montado en una Scoopy. Un chico pelirrojo mira la Scoopy. Un hombre delgado ha tirado algo al lago y corre. Un chico corre detrás de él... y un coche de policía llega y se para al lado de los chicos.

Un policía baja del coche.

—¡Pero ese chico...! —exclama el policía al ver a Sergio— ¡...son iguales...!

—Él es mi primo, señor —dice Sergio. Dentro del coche hay dos chicos, con las manos esposadas.[7]

—¡Mira a quién tenemos aquí...! —dice el policía mirando a Rony.

—Agente... —dice el taxista— le entrego a ese... —el taxista mira a Rony, lleno de agua— pez.

—¿Y Martín? —exclama de repente Mónica.

—Se ha ido detrás del otro hombre de la moto, el hombre alto —dice Guillermo.

—¡Tenemos que ayudar a Martín! —gritan las chicas.

7 **las manos esposadas:** las manos sujetas por esposas, por unas anillas de hierro que se utilizan para atar manos o pies. Los policías las ponen a los detenidos.

TAXI
POLICIA

—¡Mira! —exclama Guillermo— Por aquí viene.

El chico llega solo.

—Se ha escapado —dice.

Sergio y Martín se abrazan.

—¡Por fin todos juntos! —exclama Guillermo contento— Martín, ¿has visto la moto?

—Es muy chula...

—¡Guillermo...! —dice Sergio. Los chicos se abrazan.

—Pero ¿qué ha pasado? —pregunta Mónica.

—Estos chicos han robado unas joyas muy valiosas a otros delincuentes[8] —explica el policía—, delincuentes muy peligrosos.

Guillermo mira asustado al policía.

—¿De verdad? —pregunta.

—Sí, de verdad —contesta el policía—. Has tenido mucha suerte, muchacho... —dice el policía mirando a Sergio.

—Mi primo y yo nos parecemos mucho, ¿sabes?

—¡Es verdad!

—Carlos se ha metido en problemas, en problemas muy serios de delincuencia. Los hombres de la moto me han confundido con Carlos...

El policía se despide de los chicos y sube al coche.

—¡Eh, primo! —grita Carlos desde el interior del coche— Lo siento...

El coche de la policía arranca. Las luces azules del coche se encienden y apagan y la sirena empieza a sonar. El sonido de la sirena se aleja poco a poco. Ahora el parque del Retiro está tranquilo.

—¡Bueno! —exclama finalmente Guillermo— ¿Subimos a las barcas o qué?

8 **delincuente:** persona que actúa contrariamente a la ley.

DESPUÉS DE LA LECTURA

CAPÍTULOS 1-2

1. ¿Quién es quién?

A. Busca en el recuadro las palabras adecuadas para describir a cada personaje. Añade si es necesario un poco, muy **o** bastante.

alto/a • bajo/a • ni alto/a ni bajo/a • gordo/a • atlético/a delgado/a • moreno/a • pelo negro/castaño • pelo largo/rizado pelirrojo/a • 16 años • con gafas • nariz grande • ojos pequeños

Lucas .... Mónica ....

Rony .... Laura ....

Sergio .... Guillermo ....

Martín .... Carlos ....

B. De los personajes anteriores, ¿quiénes son estos? Escribe su nombre debajo del dibujo:

a

....

b

....

c

....

d

....

C. ¿Quién lleva...? Relaciona.

a. una chaqueta negra de cuero
b. una motocicleta Norton
c. una motocicleta Scoopy
d. una chaqueta vaquera azul
e. una mochila

Sergio
Rony
Lucas

2. ¿Dónde?

A. Sitúa a cada uno de los personajes en el lugar donde se encuentran cuando empieza el relato.

Cocina de Luisa	Bar en la placita del barrio de **La Latina**	Portal número 23 en una placita del barrio de **La Latina**

B. Pon una flecha para indicar adónde va cada uno de los personajes siguientes.

Martín va
Guille va
Laura va
Mónica va
Sergio va
Luisa y su marido van

al Centro de Arte Reina Sofía
al trabajo
a Vallecas

3. ¿En qué van?

Di qué medio de transporte utiliza(n):

a. Martín, Laura, Mónica y Guillermo para llegar a Madrid:
....

b. Martín, Laura, Mónica y Guillermo para llegar al Centro de Arte reina Sofía: ....

c. Sergio para ir a Vallecas: ....

d. Lucas y Rony para seguir a Sergio: ....

4. ¿Qué?

A. ¿Qué lugares de Madrid aparecen nombrados en estos capítulos?

a. **un parque:** ....

b. **un museo:** ....

c. **un cuadro:** ....

d. **un barrio:** ....

e. **una estación de trenes:** ....

B. ¿Qué instrucciones les da la señora a la que preguntan los chicos para llegar al Centro de Arte Reina Sofía? Marca el recorrido en el plano de la página siguiente.

C. ¿Qué cosas quieren hacer los amigos de Sergio en Madrid? Marca con una cruz las que son verdad:

- ☐ Ver un cuadro muy famoso.
- ☐ Ir de compras.
- ☐ Ir al parque.
- ☐ Leer en el parque.
- ☐ Hacer un picnic.
- ☐ Dar un paseo en barca.
- ☐ Buscar información para un trabajo del instituto.

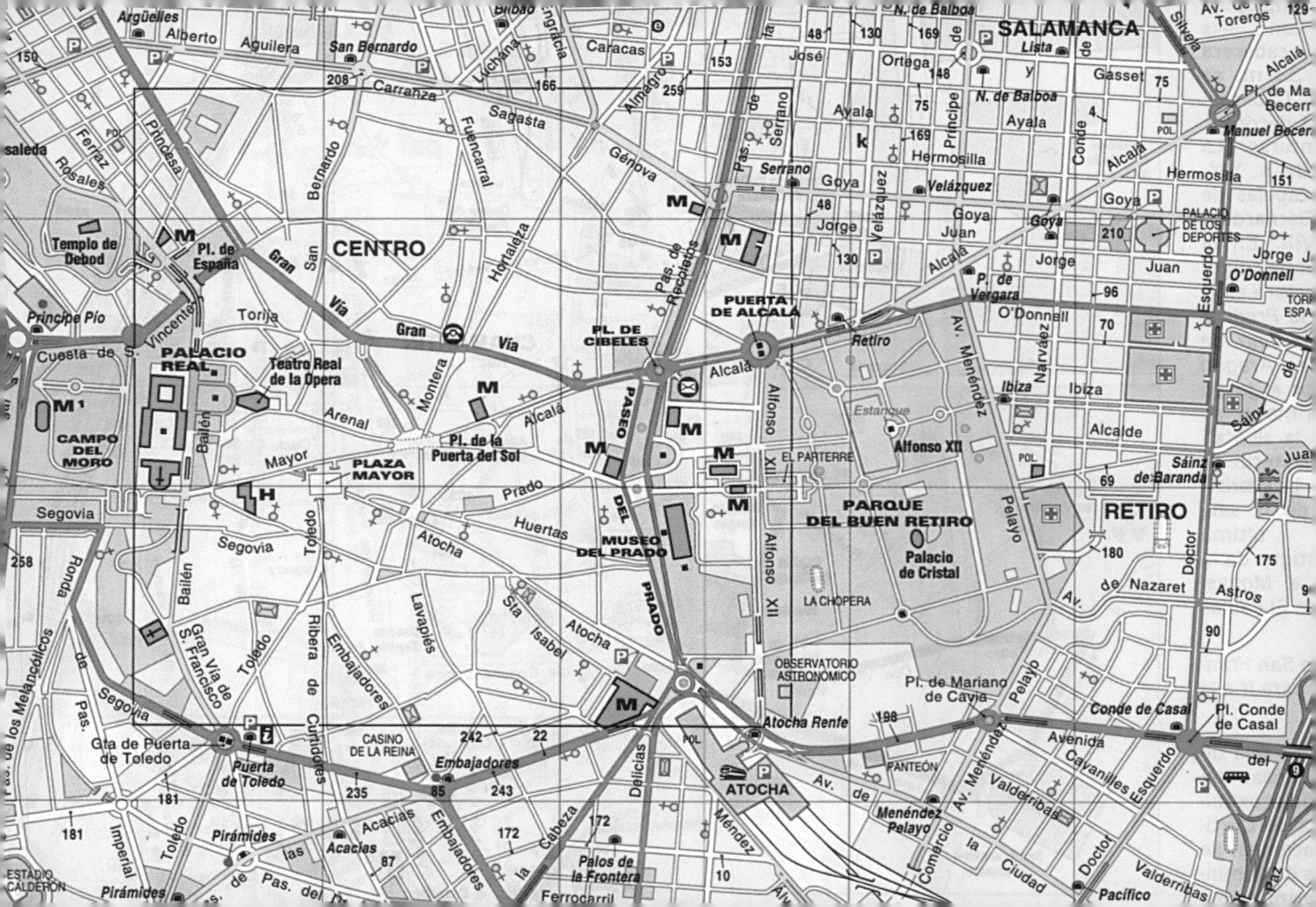
SALAMANCA
RETIRO
CENTRO
ATOCHA
PARQUE DEL BUEN RETIRO
Palacio de Cristal
Estanque
Alfonso XII
EL PARTERRE
LA CHOPERA
OBSERVATORIO ASTRONÓMICO
PUERTA DE ALCALÁ
PL. DE CIBELES
PASEO DEL PRADO
MUSEO DEL PRADO
Pl. de la Puerta del Sol
PLAZA MAYOR
Teatro Real de la Ópera
PALACIO REAL
CAMPO DEL MORO
Templo de Debod
Pl. de España
PALACIO DE LOS DEPORTES
Gran Vía
Alcalá
Goya
Velázquez
Serrano
O'Donnell
Ibiza
Narváez
Av. Menéndez Pelayo
Doctor Esquerdo
Conde de Casal
Pl. Conde de Casal
Pl. de Mariano de Cavia
Atocha Renfe
Embajadores
Lavapiés
Ribera de Curtidores
Toledo
Puerta de Toledo
Gta de Puerta de Toledo
Gran Vía de S. Francisco
Ronda de Segovia
Pas. de los Melancólicos
Pirámides
Acacias
Delicias
Palos de la Frontera
Sta Isabel
Huertas
Prado
Arenal
Mayor
Bailén
Segovia
Cuesta de S. Vicente
Príncipe Pío
Princesa
Ferraz
Rosales
Argüelles
Alberto Aguilera
San Bernardo
Fuencarral
Hortaleza
Sagasta
Génova
Pas. de Recoletos
Almagro
Caracas
Luchana
Carranza
Montera
Torija
Sáinz de Baranda
Av. de Nazaret
Avenida Cavanilles
Valderribas
Pacífico
Ciudad
Comercio
Manuel Becerra
Av. de los Toreros
Lista
N. de Balboa
Ayala
Hermosilla
Pl. de Vergara
Conde de Peñalver
Jorge Juan
José Ortega y Gasset
Alcalde Sáinz de Baranda
CASINO DE LA REINA
ESTADIO CALDERÓN
PANTEÓN
Astros
Imperial
Ferrocarril
Méndez Álvaro

D. Busca más información en Internet sobre Madrid y di qué otras cosas puedes hacer allí.

5. ¿Por qué?

a. ¿Por qué van los chicos al Centro de Arte Reina Sofía?

b. ¿Por qué los chicos encuentran divertido el ascensor del Centro de Arte Reina Sofía?

6. ¿Qué palabra es?

A. Une con una línea las siguientes palabras con el dibujo que las representa.

una moto • un perro • un coche • unas gafas de sol • un teléfono móvil

B. Une las sílabas que necesites de cada grupo y forma cuatro palabras relacionadas con medios de transporte y seis palabras relacionadas con lugares de la ciudad.

Ins-			-to
Ca-			-ción
Es-	-ti-		-co
Quios-	-ta-		-o
Mu-	-se-	-tu-	-ta
Pla-	-ci-		-che
Co-			-to
Mo-			-ca
Bar-			-tro
Me-			-lle

C. Clasifica las palabras anteriores en dos grupos, según estén relacionadas con medios de transporte o con lugares de la ciudad:

MEDIOS DE TRANSPORTE	LUGARES DE LA CIUDAD

CAPÍTULO 3

7. ¿Qué?

Contesta con tus propias palabras.

a. ¿Qué le cuenta Carlos a Sergio sobre Vanesa?

b. ¿Qué favor le pide Carlos a Sergio?

c. ¿Qué crees que contiene el paquete?

d. Cuando los perseguidores ven a Sergio con el paquete dicen: «Yo creo que este paquete es…». ¿Qué crees que quieren decir? Termina la frase.

8. ¿Por qué?

a. ¿Por qué Carlos no quiere vivir con sus padres?

b. ¿Por qué dice Carlos que no quiere ir con Sergio y sus amigos?

c. ¿Crees que es verdad o mentira lo que le dice Carlos a Sergio para no salir con él y sus amigos? ¿Por qué?

9. ¿Qué significa?

Cuando Carlos, desde la ventana, ve que Lucas y Rony arrancan la moto para seguir a Sergio, dice: «¡Bingo!». ¿Qué significa?

a. He ganado un premio que se llama bingo.
b. He acertado, adivinado o solucionado un asunto.
c. ¡Adiós!

10. ¿Qué palabra es?

En este crucigrama se definen siete palabras del texto: cinco están relacionadas con la palabra «bar», las otras dos son una palabra intrusa. Completa el crucigrama y descubre las dos palabras intrusas.

1. vehículo a dos ruedas con motor.
2. mueble de cuatro patas para servir la comida y las bebidas.
3. bebida alcohólica hecha con un cereal que se llama cebada.
4. persona que atiende a las clientes en un bar.
5. asiento para una sola persona sin brazos ni respaldo.
6. bolsa para llevar cosas que se coloca en la espalda.
7. mostrador largo donde se puede comer o beber en un bar.

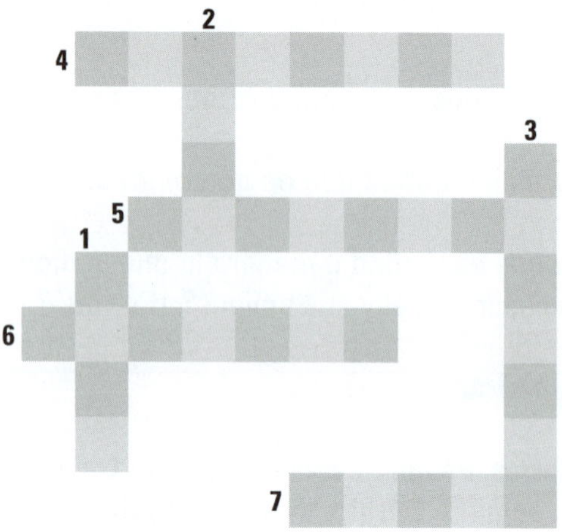

CAPÍTULO 4

11. ¿Qué significa?

A. Un inmigrante:
- **a.** un extranjero.
- **b.** un extranjero que vive en el país.
- **c.** uno del país que se va a vivir al extranjero.

B. Un atraco:
- **a.** un baile nacional.
- **b.** un robo.
- **c.** una navaja de marca.

C. Escaparate:
- **a.** ventana de un edificio.
- **b.** espacio exterior de las tiendas, cerrado con cristales donde se exponen las mercancías a la vista del público.

c. juego infantil que consiste en escapar por la ventana cuando alguien dice un disparate.

D. Disparar:
- **a.** hablar.
- **b.** aumentar la velocidad de un vehículo.
- **c.** accionar un arma.

E. Me han robado la mochila:
- **a.** me han quitado la mochila.
- **b.** me han pedido prestada la mochila.
- **c.** me han roto la mochila.

12. ¿Qué hacen?

A. Sergio en el bar después de tomar su café con leche.

....

B. Martín, Laura Guille y Mónica en el centro de Arte Reina Sofía.

....

C. El hombre rubio en la tienda de fotografía.

....

D. Los hombres de la Norton negra.

....

13. ¿Dónde?

A. En este capítulo aparecen descritos elementos del Guernica. Búscalos en el texto e indica dónde están representados en el cuadro (ver ilustración en página 23).

B. Cuando Sergio piensa: «Estos hombres... y esta Norton. ¿No los he visto antes?», ¿Dónde crees que Sergio los puede haber visto ? Marca todas las opciones posibles:

- ☐ Sentados en la terraza de un bar en una plaza.
- ☐ En la portería de la casa de Carlos.
- ☐ Paseando por el parque del Retiro.
- ☐ Por la estación de Atocha en la Norton.
- ☐ Mirando cuadros en el Centro de Arte Reina Sofía.
- ☐ Cruzando el puente de Vallecas montados en la Norton.
- ☐ Mirando por la ventana de un bar.
- ☐ En una tienda de fotografía.

14. ¿Cuándo?

Coloca estas acciones de Sergio en el orden en que suceden.

Habla con un niño pequeño

Escribe un trabajo de la escuela

Ve un atraco en directo

Toma un café con leche

Habla con sus amigos por teléfono

Sale del bar

Entra en una tienda de fotografía

Decide que ya es hora de llevar el paquete al amigo de su primo

15. ¿Qué palabra es?

A. Sergio entra en una tienda de fotografías. Completa las siguientes palabras con las vocales que faltan. Todas ellas están relacionadas con la palabra tienda. **¿Las recuerdas?**

M __ S T R __ D __ R
P R __ P __ __ T __ R __ __
__ S C __ P __ R __ T __
C L __ __ N T __
C __ J __
D __ N __ R __

B. Coloca cada una de las palabras anteriores al lado de la definición que le corresponda:

a. Persona que compra en una tienda:

----

b. Conjunto de billetes y monedas que se usan para comprar:

----

c. Mesa larga y relativamente estrecha donde se enseñan los productos de una tienda:

----

d. Ventana grande de una tienda en la que se muestran los productos que se venden:

----

e. Máquina que suma los precios y en la que se guardan los billetes y monedas:

----

f. Persona que es dueña de algo, en este caso de una tienda:

CAPÍTULO 5

16. ¿Es verdad?

Di si estas frases son verdaderas o falsas.

a. Sergio está triste porque le han robado la mochila. V F
b. Sergio le explica a Carlos el problema y este le dice que no se preocupe. V F
c. Vanesa está enfadada con Carlos. V F
d. Los hombres que le han robado el paquete tienen un accidente. V F
e. La policía recupera la mochila y la entrega a Sergio. V F
f. Sergio entrega el paquete en la calle Mayor. V F

17. ¿Quién lo tiene?

Une con flechas los nombres siguiendo la dirección que sigue el paquete des de que Carlos se lo entrega a Sergio:

18. ¿Qué sucede?

A. **Cuando Sergio le dice a un chico de la calle: «¡Qué día! Pero, ¿qué pasa hoy?», se refiere a las cosas extraordinarias o extrañas que suceden a su alrededor. Clasifica las cosas que ocurren en este capítulo, según creas que son normales o extraordinarias para Sergio.**

a. Hay muchos coches en la calle cuando Sergio entra en la calle Atocha en su moto.
b. El escaparate de una tienda se rompe en mil pedazos.
c. Le roban la mochila con el paquete de Carlos dentro.
d. Laura llama a Sergio por teléfono.
e. Se cae de la moto.
f. Cuando Sergio llama a Carlos, Vanesa coge el teléfono.
g. Carlos sale de casa con otro paquete.
h. Habla con un chico que no conoce.
i. Cuando va en su moto, oye el ruido de su motor y siente el viento en las orejas.
j. Ha habido un accidente en la calle.

COSAS NORMALES	COSAS EXTRAORDINARIAS O EXTRAÑAS

B. En tu ciudad, ¿es normal lo que le sucede a Sergio? ¿Te ha sucedido nunca algo similar a ti?

C. Cuando Sergio recupera su mochila y decide buscar al amigo de Carlos, piensa: «Ahora lo entiendo. Seguro que no viene...», ¿qué sucede? ¿por qué piensa que el amigo de Carlos no va a ir? Compara tu respuesta con la respuesta del ejercicio 8B.

CAPÍTULO 6

19. ¿Dónde?

Busca y señala con una flecha en el mapa de Madrid de la página 48 los siguientes lugares por donde pasan Sergio y sus perseguidores, del primero al último:

Vallecas • estación de Atocha • Plaza Mayor • Puerta del Sol • plaza Cibeles • Puerta de Alcalá • parque del Retiro

20. ¿Quién?

A. Completa quién va detrás de quién en la persecución:

Policía ⟶ -------------- ⟶ --------------
⟶ -------------- ⟶ Carlos

B. Escribe el nombre de los personajes que cometen las siguientes infracciones en la persecución. En algunos casos hay más de uno:

a. Correr muy rápido:
b. Saltarse un semáforo en rojo:
c. Conducir en dirección contraria:
d. Subirse a la acera y conducir entre los coches aparcados:
e. Adelantar otros coches por la derecha de la carretera:

C. ¿Cuál de las infracciones anteriores te parece la menos peligrosa? ¿Por qué?

----

21. ¿Por qué?

A. ¿Por qué es especial el taxi donde van los chicos?

....

B. ¿Y el taxista? ¿Crees que también es extraño? ¿Por qué?

....

C. ¿Por qué dice el taxista que es divertido seguir una moto?

....

22. ¿Qué palabra es?

Busca la palabra intrusa.

aparcar ■ gritar ■ frenar ■ adelantar ■ circular ■ arrancar

CAPÍTULO 7

23 ¿Por qué?

a. ¿Por qué le pregunta «El Pelao» a Carlos si tiene un hermano gemelo?

b. ¿Por qué Rony y Lucas están enfadados con Carlos y «El Pelao»?

c. ¿Por qué Rony y Lucas siguen a Sergio?

24. ¿Qué?

¿Qué hay en el paquete de Sergio? Compara tu respuesta con la del ejercicio 7C. ¿Coincides?

25. ¿Verdad o mentira?

Alguien ha copiado la siguiente descripción de esta escena de este capítulo y se ha equivocado 10 veces. Subraya los errores en el texto y a continuación escribe los datos correctos al lado.

«Un señor que pasea su gato mira la escena: junto al mar un taxista con el pelo rojo y una chaqueta de cuero coge por la chaqueta a un hombre delgado que ha caído al mar. Una bicicleta grande está en el suelo, delante del taxi. Dos chicas abrazan a un chico montado en un caballo. Un chico pelirrojo mira el caballo. Un hombre delgado ha tirado algo al lago y corre. Un chico corre detrás de él… y un coche de bomberos llega y se para al lado de los chicos.»

26. ¿Cómo?

¿Cómo descubre la policía que Carlos trafica con joyas?

----

27. Y ahora tú...

A. **a.** ¿Has ido en moto alguna vez? ¿Te gusta? ¿Por qué?
b. ¿Te han robado alguna vez? ¿Cómo te has sentido?
c. ¿Has visto alguna vez un atraco? ¿Qué has hecho?
d. ¿Has estado en Madrid alguna vez? ¿Puedes reconocer alguno de los lugares descritos en el libro? ¿Cuáles?

B **¿Por qué? ¿Por qué crees que Vanesa llama a la policía? ¿Qué harías tú en su lugar?**

C. **¿Has cogido alguna vez un taxi en España? ¿Se diferencian de los de tu país? ¿En qué? ¿Crees que en España en general los taxistas son como el que se describe en la historia?**

D. **De las siguientes situaciones que aparecen en la historia, ¿cuál sería la más inusual, en tu entorno? ¿Y la más frecuente? Argumenta tu respuesta.**

a. Una chica de 22 años es la novia de un chico de 17 años.
b. Un chico de 17 años vive solo, sin sus padres, y es independiente.
c. Un chico de 17 años trafica con joyas.
d. Dos hombres quieren matar a un adolescente con una pistola.
e. Un taxista comete infracciones con su taxi en la carretera para ayudar a unos adolescentes.

SOLUCIONES

1 A **Lucas:** alto, nariz grande, ojos pequeños; **Rony:** bajo, un poco gordo; **Sergio:** pelo negro, ni alto ni bajo, 16 años, pelo largo, con gafas; **Martín:** pelo castaño y rizado, delgado, atlético; **Mónica:** morena, ni alta ni baja; **Laura:** alta y delgada; **Guillermo:** un poco gordo, pelirrojo; **Carlos:** moreno, con gafas

1 B **a.** Martín; **b.** Mónica; **c.** Sergio ; **d.** Laura

1 C **a.** Sergio; **c.** Rony; **e.** Lucas

2 A Cocina de Luisa: Martín, Mónica, Laura, Guillermo
Bar en la placita del barrio de La Latina: Lucas, Rony
Portal número 23 en una placita del barrio de La Latina: Sergio

2 B
Martín va → al Centro de Arte Reina Sofía
Guille va → al Centro de Arte Reina Sofía
Laura va → al Centro de Arte Reina Sofía
Mónica va → al Centro de Arte Reina Sofía
Sergio va → a Vallecas
Luisa y su marido van → al trabajo

3 **a.** tren; **b.** metro; **c.**moto; **d.** moto

4 A **a.** El Retiro; **b.** Centro de Arte Reina Sofía; **c.** *Guernica*; **d.** Vallecas; **e.** Atocha

4 C Ver un cuadro muy famoso, ir al parque, dar un paseo en barca, buscar información para un trabajo del instituto.

5 **a.** Porque tienen que buscar información sobre el *Guernica* para un trabajo de «arte y guerra».
b. Porque es transparente.

6 A una moto; un perro; un coche; gafas de sol; un teléfono móvil

6 B MEDIOS DE TRANSPORTE: coche, moto, barca, metro

6 C LUGARES DE LA CIUDAD: instituto, estación, quiosco, museo, placita, calle.

7 **a.** Que tiene 22 años y que se pelean mucho.
b. Llevar un paquete a un amigo.

8 **a.** Porque tiene su vida, sus cosas, su grupo, sus amigos, porque gana dinero y no necesita el de sus padres.
b. Porque tiene dolor de cabeza.

9 **b**

10 **1.** moto (*palabra intrusa*); **2.** mesa; **3.** cerveza; **4.** camarero; **5.** taburete; **6.** mochila (*palabra intrusa*); **7.** barra.

11 **A** b; **B** b; **C** b; **D** c; **E** a

12 A Escribe un trabajo sobre los inmigrantes; **12 B** Miran y escuchan la explicación del cuadro Guernica de Picasso; **12 C** Atraca la tienda; **12 D** Siguen a Sergio y le roban la mochila.

13 A Una mujer que asoma la cabeza por la ventana.
Una espada rota.
Un pájaro
Un toro
Un caballo herido

13 B Sentados en la terraza de un bar en una plaza, en la portería de la casa de Carlos, por la estación de Atocha en la Norton, cruzando el puente de Vallecas en la Norton, mirando por la ventana de un bar.

14 **1.** Toma un café con leche.
2. Escribe para un trabajo de la escuela.
3. Habla con sus amigos por teléfono.
4. Sale del bar.
5. Habla con un niño pequeño.
6. Entra en una tienda de fotografía.
7. Ve un atraco en directo.
8. Decide que ya es hora de llevar el paquete al amigo de su primo.

15 A mostrador, propietario, escaparate, cliente, caja, dinero.

15 B **a.** cliente; **b.** dinero; **c.** mostrador; **d.** escaparate; **e.** caja; **f.** propietario.

16 **a.** V; **b.** F; **c.** V; **d.** V; **e.** F.; **f.** F.

17 Carlos → Sergio → hombre del bar → Sergio → Lucas y Rony → Sergio

18 A COSAS NORMALES: **a, d, f, h, i**
COSAS EXTRAORDINARIAS O EXTRAÑAS: **b, c, e, g, j**

18 C Porque todo es un engaño para despistar a los perseguidores.

20 A Policía → el taxista → los hombres de la Norton → Sergio → Carlos

21 A Porqué está lleno de lucecitas y fotografías de artistas.

21 B También, porque lleva el pelo azul y una chaqueta llena de lentejuelas.

21 C Porque estas cosas solo pasan en las películas.

22 A gritar.

23 **a.** Porque se parece mucho a Sergio
b. Porque les han robado las joyas que ellos han robado.
c. Porque lo confunden con Carlos y piensan que lleva las joyas en el paquete.

24 Joyas.

25 «Un señor que pasea su <u>gato</u> **perro** mira la escena: junto al <u>mar</u> **lago** un taxista con el pelo <u>rojo</u> **azul** y una chaqueta de <u>cuero</u> **lentejuelas** coge por la chaqueta a un hombre <u>delgado</u> **gordo** que ha caído al <u>mar</u> **lago**. Una <u>bicicleta</u> **moto** grande está en el suelo, delante del taxi. Dos chicas abrazan a un chico montado en <u>un caballo</u> **una Scoopy**. Un chico pelirrojo mira <u>el caballo</u> **la Scoopy**. Un hombre delgado ha tirado algo al lago y corre. Un chico corre detrás de él… y un coche de <u>bomberos</u> **policía** llega y se para al lado de los chicos.»

26 Posible respuesta: Vanesa delata a Carlos.